Fritz Jansen · Uta Streit · Angelika Fuchs

Rechtschreiben lernen 2 nach dem IntraActPlus-Konzept

auch für Förderschule und Legasthenie-Therapie

Fritz Jansen
IntraActPlus
Neuried, Deutschland

Uta Streit
IntraActPlus
Neuried, Deutschland

Angelika Fuchs
Jork, Deutschland

ISBN 978-3-662-71256-6

Die Deutsche Nationalbibliothek verzeichnet diese Publikation in der Deutschen Nationalbibliografie; detaillierte bibliografische Daten sind im Internet über ▶ https://portal.dnb.de abrufbar.

© Der/die Herausgeber bzw. der/die Autor(en), exklusiv lizenziert an Springer-Verlag GmbH, DE, ein Teil von Springer Nature 2025

Das Werk einschließlich aller seiner Teile ist urheberrechtlich geschützt. Jede Verwertung, die nicht ausdrücklich vom Urheberrechtsgesetz zugelassen ist, bedarf der vorherigen Zustimmung des Verlags. Das gilt insbesondere für Vervielfältigungen, Bearbeitungen, Mikroverfilmungen und die Einspeicherung und Verarbeitung in elektronischen Systemen.
Die Wiedergabe von allgemein beschreibenden Bezeichnungen, Marken, Unternehmensnamen etc. in diesem Werk bedeutet nicht, dass diese frei durch jede Person benutzt werden dürfen. Die Berechtigung zur Benutzung unterliegt, auch ohne gesonderten Hinweis hierzu, den Regeln des Markenrechts. Die Rechte des/der jeweiligen Zeicheninhaber*in sind zu beachten.
Der Verlag, die Autor*innen und die Herausgeber*innen gehen davon aus, dass die Angaben und Informationen in diesem Werk zum Zeitpunkt der Veröffentlichung vollständig und korrekt sind. Weder der Verlag noch die Autor*innen oder die Herausgeber*innen übernehmen, ausdrücklich oder implizit, Gewähr für den Inhalt des Werkes, etwaige Fehler oder Äußerungen. Der Verlag bleibt im Hinblick auf geografische Zuordnungen und Gebietsbezeichnungen in veröffentlichten Karten und Institutionsadressen neutral.

Gestaltung/Layout: Matthias Heid, Neuried

Planung/Lektorat: Joachim Coch
Springer ist ein Imprint der eingetragenen Gesellschaft Springer-Verlag GmbH, DE und ist ein Teil von Springer Nature.
Die Anschrift der Gesellschaft ist: Heidelberger Platz 3, 14197 Berlin, Germany

Wenn Sie dieses Produkt entsorgen, geben Sie das Papier bitte zum Recycling.

Einführung

Aus der Grundlagenforschung weiß man heute, dass ein bestimmtes Hirngebiet für sicheres Rechtschreiben notwendig ist. Dieses speichert **keine** Regeln und arbeitet **nicht** nach Gehör, sondern speichert die Buchstabenfolgen von Wörtern. Das Hirngebiet wird in der Forschung als „Gebiet für visuelle Wortformen" (engl.: „visual word form area") bezeichnet.

Die gespeicherte Buchstabenfolge eines Wortes ist die entscheidende Grundlage dafür, dass wir das Wort sicher schreiben und schnell lesen können.

Videoanleitungen und wissenschaftlichen Hintergrund finden Sie hier:
www.intraact.plus/lesen-und-schreiben

Wird die Rechtschreibung automatisiert aus dem Gebiet für visuelle Wortformen abgerufen, braucht man dafür keine Aufmerksamkeit mehr und macht extrem wenig Fehler. Die Aufmerksamkeit ist dann frei für den Schreibinhalt.

Nochmals: Das Schreiben nach Gehör oder nach Rechtschreibregeln ist keine Grundlage für sicheres Rechtschreiben. Wer sicher rechtschreiben kann, nutzt als Hauptweg die richtige Speicherung der Buchstabenfolge von Wörtern im „Gebiet für visuelle Wortformen". Mit dem vorliegenden Lehrgang speichern Kinder die richtige Schreibweise von Wörtern auf dem schnellsten und sichersten Weg. Er umfasst 22 Lerneinheiten.

In jeder Lerneinheit werden zuerst neue Lernwörter geübt.

Dem Lehrgang liegen 22 Einzelseiten aus dickerem Material bei, jeweils eine Seite pro Lerneinheit. Auf jeder dieser Seiten finden sich 16 Lernwörter als Wortkärtchen. Durch die Perforation lassen sich die einzelnen Wortkärtchen leicht voneinander lösen. Auf der Rückseite der Kärtchen findet sich jeweils die Nummer der Lerneinheit.

Wenn Sie immer nur einen Bogen mit Lernwörtern trennen und diese dann gleich in das erste Fach eines Karteikastens DIN-A8 einordnen, behalten Sie am besten die Übersicht.

Wenn die Lernwörter richtig gut gespeichert sind, werden damit Übungssätze geschrieben.

Jede Lerneinheit enthält einige Übungssätze. Diese bestehen immer nur aus Wörtern, die vorher bereits geübt wurden – in der aktuellen oder einer vorausgegangenen Lerneinheit. Übungssätze werden erst geschrieben, wenn die Lernwörter sicher buchstabiert werden können.

Achtung: Auch Wörter aus dem entsprechenden Lehrgang für die erste Klasse kommen hier nochmals vor. Wenn Sie feststellen, dass das Kind einige dieser Wörter noch nicht geübt oder wieder vergessen hat, nehmen Sie am besten eine Karteikarte DIN-A8. Schreiben Sie das entsprechende Wort in Druckbuchstaben auf. Dann wird dieses Wort gemeinsam mit den anderen Lernwörtern geübt.

Die meisten Lerneinheiten beinhalten auch eine Wissenseinheit zum Thema „Sprache untersuchen".

Die Lernschritte

Lernschritt 1: Lernwörter üben
Übungsformen
– Partnerarbeit mit Lernpartner:in
– Kind lernt mit erwachsener Bezugsperson
– Kind lernt alleine

Zu Beginn lernt das Kind mit einer anderen Person. In der Schule kann dies eine Lernpartnerin oder eine Lernpartner sein, im häuslichen Bereich eine erwachsene Bezugsperson. Die zweite Person
– prüft, ob richtig buchstabiert wird,
– hilft dabei, den Arbeitsablauf einzuhalten,
– achtet auf Konzentration,
– gibt Feedback.

Der Einfachheit halber bezeichnen wir diese zweite Person im Folgenden als „Bezugsperson" – gleich, ob es sich dabei um ein Kind oder eine erwachsene Person handelt.

Sobald das Kind die Lernstrategien beherrscht, kann es auch alleine lernen.

Wichtig
Die Großschreibung der Substantive wird gleich mit buchstabiert: Beispielsweise „großes B – a – u – m". Bei Kleinbuchstaben wird nicht zusätzlich „kleines" gesagt.

Erste Lerneinheit:
Die neu zu lernenden Wörter sind im ersten Fach des Karteikastens.

1. Das erste Wortkärtchen (beispielsweise das Wort „Baum") wird aus dem Karteikasten genommen und liegt vor dem Kind auf dem Tisch.
2. Das Kind prägt sich die Abfolge der Buchstaben bildlich gut ein. Jedes Kind braucht hierzu unterschiedlich viel Zeit. Die Bezugsperson unterstützt das Kind dabei, sich genügend Zeit zu nehmen.
3. Danach schaut das Kind vom Kärtchen weg und buchstabiert das Wort: „großes B – a – u – m".
4. Wenn beim Buchstabieren ein Fehler gemacht wird, geht das Kind noch einmal zu Schritt 2 zurück und prägt sich das Wort neu ein.
5. Sobald das Wort fehlerfrei buchstabiert werden kann, wird nicht mehr zwischendurch auf das Wortkärtchen geschaut. Die Bezugsperson sagt: „Baum" – das Kind buchstabiert. Dies wird so oft wiederholt, bis das Buchstabieren leicht und flüssig geht.
6. Das nächste Wort (beispielsweise das Wort „Garten") wird wieder entsprechend der Schritte 1–5 gelernt.
7. Jetzt wird zwischen den beiden ersten Wörtern nach Zufall abgewechselt. Beispiel: Die Bezugsperson sagt: „Baum" – das Kind buchstabiert das Wort. Die Bezugsperson sagt: „Garten" – das Kind buchstabiert. Die Bezugsperson sagt erneut „Baum" – das Kind buchstabiert. Usw.
8. In entsprechender Weise wird in der gleichen Lerneinheit ein drittes, eventuell auch ein viertes Wort eingeführt. Wie viele neue Wörter in einer Lerneinheit gelernt werden, richtet sich nach der Lerngeschwindigkeit des Kindes. Bei manchen Kindern kann es ausreichen, in einer Lerneinheit nur ein einziges neues Wort zu üben.
9. Am Ende einer Lerneinheit werden die gelernten Wortkärtchen in das zweite Fach des Karteikastens einsortiert.

Folgende Lerneinheiten:
1. Zunächst werden die in der vorangegangenen Lerneinheit geübten Wörter abgefragt. Die Bezugsperson liest jedes Wort vor – das Kind buchstabiert das Wort, **ohne es vorher noch einmal anzuschauen.**
2. Alle Wörter, die beim Abfragen ganz sicher und flüssig buchstabiert werden, kommen in das dritte Fach des Karteikastens. Die anderen Wörter werden entsprechend der oben beschriebenen Übungsschritte 1–8 noch einmal geübt.
3. Jetzt werden neue Wörter aus dem ersten Fach des Karteikastens in entsprechender Weise geübt.

Wichtig
– Kinder neigen dazu, sich zu viele Wörter pro Lerneinheit vorzunehmen. Das kann dazu führen, dass zwischen zwei Lerneinheiten zu viele Wörter wieder vergessen werden, was frustriert und Motivation abbauen kann. Drei bis vier neue Wörter in einer Einheit können als Richtzahl gesehen werden.
– Für viele Kinder ist es sinnvoll, die geübten Wörter am Ende der Lerneinheit nach Diktat in ein Heft zu schreiben. Dies sichert ab, dass auch beim Schreiben die Buchstabenfolge aus dem Langzeitgedächtnis abgerufen wird. Wichtig ist dies insbesondere für Kinder, für die die Linienführung, Kraftdosierung oder Aufmerksamkeitssteuerung noch schwierig sind.
– Auch zur Überprüfung der Genauigkeit des Lernens ist es sinnvoll, regelmäßig Wörterdiktate durchzuführen. Hierbei werden jeweils 10 Wörter nach Zufall aus den verschiedenen Fächern des Karteikastens diktiert. Die Wörterdiktate können folgendermaßen beurteilt werden:

9 oder 10 Wörter richtig geschrieben:
Das Kind lernt super!
8 Wörter richtig geschrieben:
Das Kind lernt und wiederholt gerade ausreichend gründlich.
Weniger als 8 Wörter richtig geschrieben:
Das Kind arbeitet zu schnell und zu oberflächlich.

Lernschritt 2: Übungssätze nach Diktat schreiben

Je nach Kapazität werden pro Lerneinheit 1–3 Sätze geschrieben – immer nur Sätze, in denen das Kind alle Wörter sicher buchstabieren kann. Vor dem ersten Diktatschreiben werden die folgenden Regeln besprochen:

– Am Anfang eines Satzes schreibt man groß.
– Am Ende eines Satzes steht ein Satzeichen.

Diese Regeln werden zu Beginn jeder Lerneinheit zum Diktatschreiben wiederholt – so lange, bis das Kind sie sicher und leicht beherrscht.

Ein Beispiel für das Üben von Sätzen:
1. Die Bezugsperson liest den ersten Satz langsam vor: „In meinem Garten ist ein Baum."
2. Die Bezugsperson liest noch einmal das erste Wort vor: „In".
3. Das Kind erinnert sich an die gespeicherte Buchstabenfolge. In unserem Beispiel: „i – n".
4. Dann wird die Regel angewendet: „Am Anfang eines Satzes schreibt man groß." Hierbei kann die Bezugsperson noch eine Zeit lang helfen. Jetzt darf das Kind das Wort „In" aufschreiben.

5. Nun wird das nächste Wort diktiert. Bei jedem Wort erinnert sich das Kind immer zuerst an die gespeicherte Buchstabenfolge, bevor es mit dem Schreiben beginnt.
6. Wird ein Wort falsch geschrieben, macht die Bezugsperson das Kind sofort darauf aufmerksam. Das Wort wird durchgestrichen. Das Kind soll sich das Wort noch einmal vorstellen und buchstabieren. Falls dies schwerfällt, schaut es sich das entsprechende Wortkärtchen noch einmal an und speichert die Buchstabenfolge. Erst jetzt wird das Wort aufgeschrieben.
7. Alle Satzzeichen, wie Punkt, Ausrufezeichen, Fragezeichen, Doppelpunkt oder Anführungszeichen werden mitdiktiert.
8. Wenn in einem Satz ein Fehler war, wird dieser Satz gleich anschließend noch einmal diktiert. Hierzu muss der bereits geschriebene Satz zugedeckt werden.
9. In gleicher Weise werden ein oder mehrere weitere Sätze diktiert und geschrieben.

Weiteres Vorgehen:
– Für alle Wörter, die beim Diktat falsch geschrieben wurden, werden die Wortkärtchen herausgesucht und wieder vorne in den Karteikasten einsortiert.
– Sätze, die schwierig waren, werden in der nächsten Lerneinheit wiederholt.
– Wenn das Kind sicherer geworden ist, werden nach dem ersten Vorlesen des gesamten Satzes immer 2 (später 3 und mehr) Wörter als Einheit diktiert.
– Nach einiger Zeit können die Kinder auch das Satzzeichen selbstständig setzen.
– Diktate werden in der Schrift geschrieben, die die Kinder zum jeweiligen Zeitpunkt am sichersten beherrschen. In der Regel ist dies zunächst die Druckschrift. Wenn alle Buchstaben sicher in Schreibschrift gelernt wurden, wird auf Schreibschrift umgestellt.

So lernt das Kind noch schneller
– **Beschäftigen Sie sich NICHT mit dem Fehler. Auch Fehler werden gespeichert.** Deshalb falsch geschriebene Wörter nicht mehr anschauen, sondern gleich die richtige Schreibweise entsprechend Lernschritt 1 nochmal gut speichern.
– Helfen Sie dem Kind auch an anderen Stellen. Besprechen Sie mit ihm, dass es sich bei einem schwierigen Wort Hilfe holt, **bevor** es das Wort schreibt. Dies gilt beispielsweise auch für Antwortsätze in Mathematik oder Fachausdrücke in Sachkunde.

Lernschritt 3: Sprache untersuchen

Für das Rechtschreibtraining nach IntraActPlus ist es entscheidend, dass die korrekte Buchstabenfolge der Wörter über den bildlichen Weg gespeichert wird. Dieses Speichern steht also im Zentrum.
Darüber hinaus sollen die Kinder etwas über die Struktur der Schriftsprache lernen und Schreibweisen von Wörtern erklären können. Dies ist das Ziel von Lernschritt 3 „Sprache untersuchen".
Im Rahmen des vorliegenden Lehrgangs werden folgende zwei Kompetenzen aufgebaut:

1. Ableitung vom Wortstamm oder Grundwort
Besonderheiten in der Schreibweise von Wörtern bleiben erhalten, wenn sie von einem Grundwort abgeleitet werden.

Beispiel: fahren
– „er fährt": Aus „a" wird „ä" abgeleitet. Das „h" aus dem Grundwort bleibt erhalten. Das Kind kann erklären: „Ich schreibe ‚fährt' mit ‚ä' und ‚h', weil es von ‚fahren' kommt."
– „gefahren": Auch bei der Ergänzung durch eine Vorsilbe bleibt das „h" erhalten.

Übungen können so aussehen (Beispiel „Sprache untersuchen" auf S. 5):
– Die Bezugsperson liest vor: „Bäume".
– Das Kind antwortet: „Bäume kommt von Baum. Deshalb schreibe ich ‚ä – u'."
– Das Kind buchstabiert: „großes B – ä – u – m – e".

2. Bei der Endung von Wörtern genau hinhören
Wortähnlichkeiten – insbesondere am Wortende – können beim Schreiben im Satz zur Fehlerquelle werden, auch wenn die Wörter einzeln sicher beherrscht werden. Deshalb ist es trotz des Speicherns auf dem bildlichen Weg wichtig, genau hinzuhören, wenn diktiert wird.

Beispiel: Heißt es „von" oder „vom"?
Übungen können so aussehen (Beispiel „Sprache untersuchen" auf S. 11):
– Die Bezugsperson liest den ersten Satz vor. Anfangs wird dabei das Wort „von" oder „vom" sehr deutlich gesprochen: „Ich komme von der Schule."
– Das Kind antwortet: „von".
– Das Kind buchstabiert: „v – o – n".

Wenn es dem Kind schwerfällt, die richtige Lösung zu finden, wird der Satz noch einmal vorgelesen und dabei das Wort „von" noch deutlicher gesprochen.

Wichtig
Für viele Kinder ist es günstig, die Übungen im Bereich „Sprache untersuchen" mehrmals durchzuführen.

1

Übungssätze

In meinem Garten ist ein Baum.
In deinem Garten sind zwei Bäume.
In deinem Garten lebt eine Maus.
In meinem Garten leben viele Mäuse.

Dieses Haus ist alt.
Opa lebt in diesem Haus.
Ich liebe alte Häuser.
Diese Häuser sind neu.
Neue Häuser sind auch schön.

Sprache untersuchen

In der Einzahl steht „au".
In der Mehrzahl steht „äu".

| Baum | Maus | Zaun |
| Bäume | Mäuse | Zäune |

| Haus | Traum | Strauch |
| Häuser | Träume | Sträucher |

Übungssätze

Tim hat Sand an seiner Hand.
Die Hand ist sandig.
Es regnet.
Tim hält seine Hand in den Regen und wartet.
Da wird die Hand sauber.
Er hält beide Hände in den Regen.
Beide Hände werden sauber.

Susi und Tim warten auf Papa.
Ich warte auf meine Oma.
Du wartest auf deine Mama.
Ihr wartet im Regen.

Sprache untersuchen

 Wenn ein Wort von einem anderen abgeleitet wird, bleiben „d" oder „t" erhalten.

| Hand | Hund | Sand |
| Hände | Hunde | sandig |

werden	warten	halten
ich werde	ich warte	ich halte
er wird	du wartest	du hältst
	er wartet	er hält

Übungssätze

Tim sucht seinen Hund.
Er geht über die Wiese.
Er geht zum Feld.
Der Weg ist weit.
Aber Tim hat Zeit.

Wir gehen in den Garten und spielen.
Du gehst zu Papa.
Du spielst mit Papa.
Tim spielt mit dem Hund.
Wir suchen bunte Blumen.

Sprache untersuchen

Merke dir die Schreibweise im Grundwort gut.
Sie bleibt auch erhalten, wenn sich das Wort verändert.

spielen	gehen	suchen
ich spiele	ich gehe	ich suche
du spielst	du gehst	du suchst
sie spielt	er geht	sie sucht

Übungssätze

Es ist Sommer.
Das Wetter ist schön.
Die Sonne scheint hell.
Der Himmel ist blau.

Wir können Ball spielen.
Du kannst mit mir spielen.
Du hast zwei Bälle.

Ich kann mit meinem Hund spielen.
Er liebt alle Bälle.
Er will den Ball haben.
Alle Hunde wollen Ball spielen.

Sprache untersuchen

Merke dir die Doppelbuchstaben.
Sie bleiben auch erhalten, wenn sich das Wort verändert.

Ball	hell	wollen	können
Bälle	heller	ich will	ich kann
		du willst	du kannst
		ihr wollt	ihr könnt

5

Übungssätze

Vor dem Haus sind viele Vögel.
Hier ist eine schwarze Amsel.
Die Amsel will frisches Wasser.

Vögel haben Flügel.
Sie haben Federn.
Vögel können fliegen.
Vögel legen Eier.

Auf dem See ist eine Ente.
Sie kann quaken.
Auch die Ente ist ein Vogel.

6

Übungssätze

Ich schaue aus dem Fenster.
Der Herbst kommt.
Ein Blatt fällt vom Baum.
Viele Blätter fallen von den Bäumen.

Wir schauen aus dem Fenster.
Unsere Eltern kommen.
Sie kommen zusammen im Auto.
Der Hund kommt mit.
Papa winkt.
Wir winken auch.

Sprache untersuchen

 Höre gut hin, ob es „von" oder „vom" heißt.
Lass dir die Sätze vorlesen.
Buchstabiere jeweils „von" oder „vom".

Ich komme von der Schule.
Mama kommt vom Markt.
Der Vogel fliegt vom Dach.

Der Apfel fällt vom Baum.
Die Äpfel fallen von den Bäumen.

Papa kommt von der Arbeit.
Ich komme von meinem Freund.
Mama holt Brot vom Bäcker.

Das Buch ist von meinem Freund.
Lena kommt vom Bus.
Der Brief ist von meiner Oma.

Er kommt vom Fußballtraining.
Du erzählst vom Urlaub.
Du erzählst von der Schule.

Übungssätze

Du hast eine Familie.
Das sind mein Vater und meine Mutter.
Das ist meine Tante.
Sie ist die Schwester meines Vaters.
Du hast noch eine Tante.
Sie ist die Schwester meiner Mutter.

Das sind mein Onkel und meine Tante.
Sie haben eine Tochter.
Ihre Tochter ist noch klein.
Ihr Name ist Susi.
Meine Eltern haben einen Sohn.
Er ist mein Bruder.

Sprache untersuchen

Viele Wörter werden am Ende mit „er" geschrieben.
Wenn man diese Wörter spricht, hört es sich am Ende eher wie „a" an.
Lass dir folgenden Wörter vorlesen. Buchstabiere sie.
Denke an das „er" am Ende.

| Vater | Mutter | Schwester | Bruder |

| Tochter | Fenster | Wasser | Sommer |

8

Übungssätze

In der Klasse ist es still.
Alle Kinder lesen.
Ein Kind liest vor.
Es ist mein Freund.

Mein Füller ist kaputt.
Meine Freundin gibt mir ihren Stift.
Meine Freundin hat viele bunte Stifte.
Ich gebe ihr ein Blatt Papier.
Sie malt ganz viele Tiere.

Sprache untersuchen

 Hier gibt es Wörter, bei denen „t" oder „d" erhalten bleibt.

| Freund | Kind | bunt | Stift |
| Freundin | Kinder | bunte | Stifte |

9

Übungssätze

Susi will es wissen.
Was ist in der Tasche?
Warum willst du zu Oma?
Wem hilft der Mann?
Wen bringt Mama zu ihrem Auto?

Schläft die Katze hinter dem Sofa?
Was hörst du im Wald?
Welcher Vogel fliegt da?
Ob Opa ins Bett geht?

Sprache untersuchen

Fragesätze enden immer mit einem Fragezeichen.
So sieht das Fragezeichen aus: ?

Höre gut hin, ob es „wen" oder „wem" heißt.
Lass dir die Sätze vorlesen.
Buchstabiere jeweils „wen" oder „wem".

Wem hilft der Mann?
Wen hörst du?
Wen besuchst du?

Wem hast du das Heft gegeben?
Wen hast du gerufen?
Mit wem hast du gesprochen?

Wem gehört das Buch?
Wen möchtest du einladen?

Mit wem spielst du?
Wen magst du am liebsten?

10

Übungssätze

Du bist krank.
Dir tut der Bauch weh.
Auch dein Hals und dein Kopf tun dir weh.
Deine Stirn ist sehr heiß.

Mutter bringt dir ein Glas Wasser.
Kranke Kinder sollen viel trinken.
Ich will dir auch helfen.
Ich kann dir Blumen bringen oder ein Bild malen.
Werde schnell gesund!

11

Übungssätze

Im Garten sind viele Jungen und Mädchen.
Die Mädchen sitzen im Gras.
Sie reden über den Sommer.
Tina sitzt neben ihrer Freundin.
Sie hat ein rotes Kleid an.
Ihre Freundin hat einen weißen Rock an.

Die Jungen rennen über die Wiese.
Ein Junge hat eine weiße Hose an.
Seine Hose ist sehr eng.
Er rennt zu schnell.
Da fällt er hin.
Nun tut sein Bein weh.

Sprache untersuchen

Hier gibt es neue abgeleitete Wörter.

sitzen	rennen	fallen
ich sitze	ich renne	ich falle
du sitzt	du rennst	du fällst
sie sitzt	er rennt	er fällt

Übungssätze

Papa und ich arbeiten im Garten.
Wir müssen die Bäume schneiden.
Zuerst holt Papa die Leiter und die Säge.
Ich muss die Leiter halten.
Papa schneidet die Äste mit der Säge.
Nun sind die Äste kurz.

Wir graben die Erde um.
Papa gräbt kleine Löcher.
In jedes Loch pflanzen wir eine Blume.
Im Sommer werden die Blumen blühen.
Schmetterlinge lieben ihre Blüten.

Sprache untersuchen

Hier gibt es neue abgeleitete Wörter.

müssen	schneiden	graben
ich muss	ich schneide	ich grabe
du musst	du schneidest	du gräbst
ihr müsst	sie schneidet	er gräbt
		ihr grabt

Übungssätze

Die Ampel ist rot.
Alle Männer und Frauen bleiben stehen.
Auch Tim bleibt stehen.
Auf der Straße ist viel Verkehr.
Die Autos fahren schnell.
Ein Auto fährt zu schnell.

Nun wird die Ampel grün.
Die Kinder dürfen über die Straße gehen.
Ein Kind rennt.
Ein Mann sagt zu ihm: „Du darfst nicht über die Straße rennen."

Sprache untersuchen

An den Redezeichen erkennst du, dass jemand spricht.
Am Anfang der gesprochenen Stelle steht das Redezeichen unten: „
Am Ende der gesprochenen Stelle steht das Redezeichen oben: "
Wenn ein vollständiger Satz gesprochen wird, steht das Satzzeichen am Ende des Satzes vor dem Redezeichen:

„Du darfst nicht über die Straße rennen."
„Besuchst du mich heute?"
„Das ist toll!"
„Wie spät ist es?"

Übungssätze

Mutter badet das Baby.
Sie wäscht seine Arme und Beine.
Das Baby hat eine feine Haut.
Es mag warmes Wasser.

Das Baby hat zehn Finger.
Das Baby hat zehn Zehen.
Das Baby bewegt seine Zehen.
Die Zehen bewegen sich im Wasser.
Da spritzt das Wasser.

Sprache untersuchen

Hier gibt es neue abgeleitete Wörter.

Zehe	bewegen	baden	spritzen
Zehen	ich bewege	ich bade	ich spritze
	du bewegst	du badest	du spritzt
	er bewegt	sie badet	es spritzt

Übungssätze

Ich male mich.
Ich male den Kopf mit dem Gesicht.
Dann male ich zwei Augen und zwei Ohren.
Das Gesicht bekommt auch eine Nase und einen Mund.
Ich male braune Haare.

Nun male ich den Körper.
Ich male die Arme und die Beine.
Ich male die Hände und die Füße
Jede Hand bekommt fünf Finger.
Jeder Fuß bekommt fünf Zehen.
Ich stehe barfuß im Gras.

Sprache untersuchen

 Hier gibt es neue abgeleitete Wörter.

Ohr	Fuß	Haar	bekommen
Ohren	Füße	Haare	ich bekomme
	barfuß		du bekommst
			er bekommt

Übungssätze

Die Woche hat sieben Tage.
Von Montag bis Freitag gehe ich zur Schule.
Am Dienstag machen wir Sport.
Am Mittwoch lese ich sehr viel.
Am Donnerstag schreiben wir in der Schule einen Brief.

Am Samstag und am Sonntag ist keine Schule.
Da kann ich lange schlafen.
Dann kann ich viel spielen.

Sprache untersuchen

In langen Wörtern ist oft ein kleineres Wort versteckt, das du schon kennst.
„Tag" steckt in den meisten Wochentagen

Montag	Dienstag	Donnerstag
Freitag	Samstag	Sonntag

17

Übungssätze

Susi zeigt mir heute ihr Zimmer.
Sie hat ein schönes Bett.
Unter dem Bett liegt der Hund.
Susi trägt den Hund in den Garten.
Der Hund läuft schnell wieder ins Haus.
Wir tragen ihn wieder hinaus.
Wir geben dem Hund den Ball.

Nun wird es dunkel.
Wir machen das Licht an.
Es ist schon spät.
Ich gehe zu meinem Haus.
Ich komme morgen wieder.

Sprache untersuchen

Höre gut hin, ob es „den" oder „dem" heißt.
Lass dir die Sätze vorlesen.
Buchstabiere jeweils „den" oder „dem".

Ich trage den Hund.
Du gibst dem Hund Wasser.
Er geht in den Garten.
Ich zeige dem Lehrer mein Heft.
Er gibt dem Jungen ein Eis.
Sie öffnet den Brief.
Wir sprechen mit dem Arzt.
Susi malt den Baum.
Wir kommen mit dem Auto.
Ich schaue aus dem Fenster.
Die Lehrerin zeigt den Kindern ein Bild.

18

Übungssätze

Meine Oma wohnt in Berlin.
Ich bin gerne bei Oma.
Ich reise mit der Bahn nach Berlin.
In Berlin wohnen viele Menschen.

Durch das Fenster sehe ich oft Kühe.
Ich sehe einer Kuh zu.
Sie schläft unter einem Baum.
Sie sieht ganz lieb aus.
Oft sehe ich auch Pferde auf einer Wiese.
Ich mag Pferde.

Sprache untersuchen

 Hier gibt es neue abgeleitete Wörter.

Pferd	Kuh
Pferde	Kühe

wohnen	schlafen	sehen
ich wohne	ich schlafe	ich sehe
du wohnst	du schläfst	du siehst
sie wohnt	sie schläft	er sieht

19

Übungssätze

Tim kauft Brötchen.
Er bezahlt mit seinem Geld.
Er muss zwei Euro und zwölf Cent bezahlen.

Wir kaufen Obst.
Wir nehmen vier Äpfel.
Vater nimmt zwei Orangen.
Mutter mag keine Orangen.

Der Mann sagt: „Das kostet zusammen vier Euro und acht Cent."
Mutter legt ihm zehn Euro hin.
Wie viel Geld bekommt sie wieder?

Sprache untersuchen

Hier gibt es neue abgeleitete Wörter.

kaufen	kosten	bezahlen
ich kaufe	es kostet	ich bezahle
du kaufst		du bezahlst
er kauft		er bezahlt

Übungssätze

Was isst du gerne?
Ich esse gerne Obst und Gemüse.
Ich esse gerne Orangen und gelbe Bananen.

Viele Kinder essen gerne Pizza und Pommes.
Pommes mit viel Salz sind nicht so gesund.
Viele Kinder mögen keine Zwiebeln.
Ich mag auch keine Zwiebeln.

Mein Vater trinkt gerne Tee mit Zucker.
Mama isst immer ein hartes Ei mit Salz.
Sie mag auch Brot mit Käse.

Sprache untersuchen

 Hier gibt es neue abgeleitete Wörter.

essen
ich esse
du isst

mögen
ich mag
du magst
er mag

Übungssätze

Jedes Jahr hat zwölf Monate.
Im Januar und im Februar gibt es oft Schnee.
Es ist noch Winter.
Wann ist die Kälte vorbei?

Ab März wird es wärmer.
Es ist Frühling.
Im April gibt es viel Regen und Nebel.

Im Mai und im Juni ist die Sonne schon warm.
Nun können wir wieder draußen spielen.

Übungssätze

Im Juli und im August ist Sommer.
Eure Familie macht Urlaub.
Euer Hund kommt mit.
Ihr habt jetzt Zeit für euch.
Eure Freude ist groß.

Im September sind die Äpfel und Birnen reif.
Im Oktober ist schon Herbst.
Ich freue mich über die bunten Blätter.
Der November bringt uns viel Regen.
Im Dezember bauen wir einen Mann aus Schnee.
Dieses Jahr geht jetzt zu Ende.

Sprache untersuchen

Das „eu" bleibt auch bei abgeleiteten Wörtern erhalten.

euer eure euch	sich freuen ich freue mich du freust dich er freut sich die Freude

Abbildungsverzeichnis

 AdobeStock_499467500 / © Colorfuel Studio / stock.adobe.com

 AdobeStock_499467385 / © Colorfuel Studio / stock.adobe.com

 AdobeStock_499467586 / © Colorfuel Studio / stock.adobe.com

 AdobeStock_499467351 / © Colorfuel Studio / stock.adobe.com